POÈME DE RUTH.

POÈME
DE RUTH.

Florian

DIJON
Imprimerie de Mme veuve Brugnot.

1837.

QUATRIÈME MOIS.

POÈME DE RUTH.

Le plus saint des devoirs, celui qu'en traits de flamme
La nature a gravé dans le fond de notre ame,
C'est de chérir l'objet qui nous donna le jour.
Qu'il est doux à remplir ce précepte d'amour!

Voyez ce faible enfant que le trépas menace ;
Il ne sent plus ses maux quand sa mère l'embrasse !
Dans l'âge des erreurs, ce jeune homme fougueux,
N'a qu'elle pour ami dès qu'il est malheureux :
Ce vieillard qui va perdre un reste de lumière
Retrouve encor des pleurs en parlant de sa mère.
Bienfait du créateur, qui daigna nous choisir
Pour première vertu notre plus doux plaisir !
Il fit plus : il voulut qu'une amitié si pure
Fût un bien de l'amour comme de la nature,
Et que les nœuds d'hymen, en doublant nos parents,
Vinssent multiplier nos plus chers sentiments.
C'est ainsi que, de Ruth récompensant le zèle,
De ce pieux respect Dieu nous donne un modèle.

Lorsque autrefois un juge, au nom de l'Éternel,
Gouvernait dans Maspha les tribus d'Israël,
Du coupable Juda Dieu permit la ruine.

Des murs de Bethléem chassés par la famine,
Noémi, son époux, deux fils de leur amour,
Dans les champs de Moab vont fixer leur séjour.
Bientôt de Noémi les fils n'ont plus de père :
Chacun d'eux prit pour femme une jeune étrangère ;
Et la mort les frappa. La triste Noémi,
Sans époux, sans enfants, chez un peuple ennemi,
Tourne ses yeux en pleurs vers sa chère patrie,
Et prononce en partant, d'une voix attendrie,
Ces mots qu'elle adressait aux veuves de ses fils :

Ruth, Orpha, c'en est fait, mes beaux jours sont finis !
Je retourne en Juda mourir où je suis née.
Mon Dieu n'a pas voulu bénir votre hyménée :
Que mon Dieu soit béni ! Je vous rends votre foi.
Puissiez-vous être un jour plus heureuses que moi !
Votre bonheur rendrait ma peine moins amère.
Adieu : n'oubliez pas que je fus votre mère.

Elle les presse alors sur son cœur palpitant.
Orpha baisse les yeux, et pleure en la quittant.
Ruth demeure avec elle : Ah! laissez-moi vous suivre !
Partout où vous vivrez, Ruth près de vous doit vivre.
N'êtes-vous pas ma mère en tout temps, en tout lieu ?
La terre où vous mourrez verra finir ma vie ;
Ruth dans votre tombeau veut être ensevelie :
Jusque-là vous servir sera mes plus doux soins ;
Nous souffrirons ensemble, et nous souffrirons moins.

Elle dit. C'est en vain que Noémi la presse
De ne point se charger de sa triste vieillesse ;
Ruth, toujours si docile à son moindre désir,
Pour la première fois refuse d'obéir.
Sa main de Noémi saisit la main tremblante,

Elle guide et maintient sa marche défaillante,
Lui sourit, l'encourage, et, quittant ces climats,
De l'antique Jacob va chercher les États.

De son peuple chéri Dieu réparait les pertes :
Noémi de moissons voit les plaines couvertes.
Enfin, s'écria-t-elle en tombant à genoux,
Le bras de l'Éternel ne pèse plus sur nous;
Que ma reconnaissance à ses yeux se déploie !
Voici les premiers pleurs que je donne à la joie.
Vous voyez Bethléem, ma fille : cet ormeau
De la tendre Rachel vous marque le tombeau.
Le front dans la poussière, adorons en silence
Du Dieu de mes aïeux la bonté, la puissance :
C'est ici qu'Abraham parlait à l'Éternel.
Ruth baise avec respect la terre d'Israël.

Bientôt de leur retour la nouvelle est semée.
A peine de ce bruit la ville est informée,
Que tous vers Noémi précipitent leurs pas.
Plus d'un vieillard surpris ne la reconnaît pas :
Quoi! c'est là Noémi? Non, leur répondit-elle,
Ce n'est plus Noémi : ce nom veut dire belle;
J'ai perdu ma beauté, mes fils et mon ami :
Nommez-moi malheureuse, et non pas Noémi.

Dans ce temps, de Juda les nombreuses familles
Recueillaient les épis tombant sous les faucilles :
Ruth veut aller glaner. Le jour à peine luit,
Qu'aux champs du vieux Booz le hasard la conduit;
De Booz dont Juda respecta la sagesse,
Vertueux sans orgueil, indulgent sans faiblesse,

Et qui, des malheureux l'amour et le soutien,
Depuis quatre-vingts ans fait tous les jours du bien.

Ruth suivait dans son champ la dernière glaneuse.
Étrangère et timide, elle se trouve heureuse
De ramasser l'épi qu'un autre a dédaigné.
Booz, qui l'aperçoit, vers elle est entraîné :
Ma fille, lui dit-il, glanez près des javelles ;
Les pauvres ont des droits sur des moissons si belles.
Mais vers ces deux palmiers suivez plutôt mes pas,
Venez des moissonneurs partager le repas,
Le maître de ce champ par ma voix vous l'ordonne ;
Ce n'est que pour donner que le Seigneur nous donne.
Il dit : Ruth à genoux de pleurs baigne sa main.
Le vieillard la conduit au champêtre festin.
Les moissonneurs, charmés de ses traits, de sa grâce,
Veulent qu'au milieu d'eux elle prenne sa place ;

De leur pain, de leurs mets lui donnent la moitié :
Et Ruth, riche des dons que lui fait l'amitié,
Songeant que Noémi languit dans la misère,
Pleure, et garde son pain pour en nourrir sa mère.

Bientôt elle se lève, et retourne aux sillons.
Booz parle à celui qui veillait aux moissons :
Fais tomber, lui dit-il, les épis autour d'elle,
Et prends garde surtout que rien ne te décèle :
Il faut que sans te voir elle pense glaner,
Tandis que par nos soins elle va moissonner.
Épargne à sa pudeur trop de reconnaissance,
Et gardons le secret de notre bienfaisance.

Le zélé serviteur se presse d'obéir :

Partout aux yeux de Ruth un épi vient s'offrir ;
Elle porte ses biens vers le toit solitaire
Où Noémi cachait ses pleurs et sa misère.
Elle arrive en chantant : Bénissons le Seigneur,
Dit-elle ; de Booz il a touché le cœur.
A glaner dans son champ ce vieillard m'encourage ;
Il dit que sa moisson du pauvre est l'héritage.
De son travail alors elle montre le fruit.
Oui, lui dit Noémi, l'Éternel vous conduit :
Il veut votre bonheur, n'en doutez point, ma fille.
Le vertueux Booz est de notre famille ;
Et nos lois.... Je ne puis vous expliquer ces mots,
Mais retournez demain dans le champ de Booz :
Il vous demandera quel sang vous a fait naître ;
Répondez : Noémi vous le fera connaître :
La veuve de son fils embrasse vos genoux.
Tous mes desseins alors seront connus de vous.
Je n'en puis dire plus : soyez sûre d'avance
Que le sage Booz respecte l'innocence ;
Et que vous voir heureuse est mon plus cher désir.
Ruth embrasse sa mère, et promet d'obéir.
Bientôt un doux sommeil vient fermer sa paupière.

Le soleil n'avait pas commencé sa carrière,
Que Ruth est dans le champ. Les moissonneurs lassés
Dormaient près des épis autour d'eux dispersés :
Le jour commence à naître; aucun ne se réveille.
Mais, aux premiers rayons de l'aurore vermeille,
Parmi ses serviteurs Ruth reconnaît Booz.
D'un paisible sommeil il goûtait le repos;
Des gerbes soutenaient sa tête vénérable.
Ruth s'arrête : O vieillard, soutien du misérable,
Que l'ange du Seigneur garde tes cheveux blancs !
Dieu pour se faire aimer doit prolonger tes ans.
Quelle sérénité se peint sur ton visage !
Comme ton cœur est pur, ton front est sans nuage.
Tu dors, et tu parais méditer des bienfaits :
Un songe t'offre-t-il les heureux que tu fais ?
Ah ! s'il parle de moi, de ma tendresse extrême,
Crois-le; ce songe, hélas ! est la vérité même.

Le vieillard se réveille à des accents si doux.
Pardonnez, lui dit Ruth, j'osais prier pour vous;
Mes vœux étaient dictés par la reconnaissance :
Chérir son bienfaiteur ne peut être une offense ;
Un sentiment si pur doit-il se réprimer ?
Non, ma mère me dit que je peux vous aimer.
De Noémi dans moi reconnaissez la fille :
Est-il vrai que Booz soit de notre famille ?
Mon cœur et Noémi me l'assurent tous deux.

O ciel ! répond Booz, ô jour trois fois heureux !
Vous êtes cette Ruth, cette aimable étrangère
Qui laissa son pays et ses dieux pour sa mère !

Je suis de votre sang; et, selon notre loi,
Votre époux doit trouver un successeur en moi.
Mais puis-je réclamer ce noble et saint usage?
Je crains que mes vieux ans n'effarouchent votre âge.
Au mien l'on aime encor, près de vous je le sens;
Mais peut-on jamais plaire avec des cheveux blancs?
Dissipez la frayeur dont mon ame est saisie :
Moïse ordonne en vain le bonheur de ma vie;
Si je suis heureux seul, ce n'est plus un bonheur.

Ah! que ne lisez-vous dans le fond de mon cœur!
Lui dit Ruth; vous verriez que la loi de ma mère
Me devient dans ce jour et plus douce et plus chère.
La rougeur, à ces mots, augmente ses attraits.
Booz tombe à ses pieds : Je vous donne à jamais
Et ma main et ma foi : le plus saint hyménée
Aujourd'hui va m'unir à votre destinée.

A cette fête, hélas! nous n'aurons pas l'amour;
Mais l'amitié suffit pour en faire un beau jour.
Et vous, Dieu de Jacob, seul maître de ma vie,
Je ne me plaindrai point qu'elle me soit ravie;
Je ne veux que le temps et l'espoir, ô mon Dieu,
De laisser Ruth heureuse, en lui disant adieu.

Ruth le conduit alors dans les bras de sa mère.
Tous trois à l'Éternel adressent leur prière;
Et le plus saint des nœuds en ce jour les unit.
Juda s'en glorifie : et Dieu, qui les bénit,
Aux désirs de Booz permet que tout réponde.
Belle comme Rachel, comme Lia féconde,
Son épouse eut un fils; et cet enfant si beau
Des bienfaits du Seigneur est un gage nouveau :
C'est l'aïeul de David. Noémi le carresse;
Elle ne peut quitter ce fils de sa tendresse,

Et dit, en le montrant sur son sein endormi :
Vous pouvez maintenant m'appeler Noémi.

De ma sensible Ruth, prince, acceptez l'hommage.
Il m'a fallu monter jusques au premier âge
Pour trouver un mortel qu'on pût vous comparer.
En honorant Booz, j'ai cru vous honorer :
Vous avez sa vertu, sa douce bienfaisance ;
Vous moissonnez aussi pour nourrir l'indigence :

Pieux comme Booz, austère avec douceur,
Vous aimez les humains, et craignez le Seigneur.
Hélas! un seul soutien manque à votre famille :
Vous n'épousez pas Ruth, mais vous l'avez pour fille.

www.ingramcontent.com/pod-product-compliance
Lightning Source LLC
Chambersburg PA
CBHW071414060426
42450CB00009BA/1883